WAS IST LERNEN AN STATIONEN?

Beim Lernen an Stationen handelt es sich um eine Form selbstständigen Arbeitens, bei der

- ☐ unterschiedliche Lernvoraussetzungen,
- ☐ unterschiedliche Zugänge und Betrachtungsweisen,
- ☐ unterschiedliches Lern- und Arbeitstempo
- ☐ und häufig fächerübergreifendes Arbeiten

berücksichtigt werden.

Grundidee

Den Schülerinnen und Schülern werden Arbeitsstationen zur individuellen Bearbeitung angeboten, an welchen sie selbstständig, in beliebiger Abfolge und meist auch in frei gewählter Sozialform entsprechend ihren Möglichkeiten und Fähigkeiten arbeiten. Damit soll ihnen optimales Lernen und Üben ermöglicht werden.

Herkunft und Entwicklung

Die Idee des Lernens an Stationen, auch Lernzirkel genannt, kommt ursprünglich aus dem Sportbereich. Das „circuit training", von Morgan und Adamson 1952 in England entwickelt, stellt den Sportlern unterschiedliche Übungsstationen zur Verfügung, die sie der Reihe nach oder in freier Auswahl durchlaufen.
Eine Übertragung dieser Lernform auf Unterrichtsinhalte in verschiedenen Fächern wurde zunächst an der Schallenbergschule in Aidlingen/Baden-Württemberg, später am Seminar für schulpraktische Ausbildung in Sindelfingen und seit etwa 1980 an vielen Schulen aufgegriffen und stetig weiterentwickelt.
Der Herausgeber und die Autoren stellen die Ergebnisse ihrer eigenen praktischen Arbeit und Erfahrung in dieser Reihe vor und bieten ihre Materialien als Grundlage für den direkten Einsatz oder als Grundlage für eine Anpassung an eigene Bedürfnisse an.

Zielrichtungen

Das Lernen an Stationen kann unterschiedliche Ziele verfolgen:

- ☐ optimales Üben ermöglichen durch ein breites Angebot, das die verschiedenen Lerneingangskanäle, allgemeine Übungsgesetze, unterschiedliche Aufgabenarten, Schwierigkeiten und Hilfestellungen berücksichtigt,
- ☐ vertiefendes Bearbeiten eines Inhalts beziehungsweise eines Themengebietes, indem Schülerinnen und Schüler nach zuvor gestalteter Übersicht oder Einführung die Inhalte auf ihre Art, mit ihren Möglichkeiten und in ihrem individuellen Tempo auf unterschiedlichen Ebenen selbstständig bearbeiten,
- ☐ selbstständiges Erarbeiten von Themengebieten, indem die Schülerinnen und Schüler durch angemessene Arbeitsangebote Sachverhalte hinterfragen, erforschen, erfahren, gestalten usw.,
- ☐ Angebote aus Schulbüchern oder Medien unter ganzheitlicher Betrachtungsweise aufarbeiten, indem die Schülerinnen und Schüler Aufgabenstellungen zu Teilgebieten mit unterschiedlicher Betrachtungsweise und auf unterschiedlichen Ebenen fächerübergreifend bearbeiten.

Organisation

Die einzelnen Arbeitsaufträge geben den Schülerinnen und Schülern klare oder offene Aufgabenstellungen mit eindeutigen Anweisungen. Die Angebote werden im Klassenzimmer zur Verfügung gestellt, indem der Arbeitsauftrag durch Aushängen oder Auslegen bereitgestellt wird. Dazu bietet sich zum Schutz das Verpacken in Prospekthüllen an.
Als Ort zum Aushängen eignen sich alle Wand- und zum Teil auch die Fensterflächen. Pinn-Nadeln oder Nägel (Nagelleisten) erleichtern das Aufhängen und Abnehmen. Beim Auslegen der Arbeitsangebote bzw. -aufträge helfen Ablagekörbe, Ordnung zu halten.
Das Bereitstellen außerhalb der Schülerarbeitstische (also auf Fensterbänken, Nebentischen oder durch Aufhängen) erübrigt das tägliche Aufbauen und Wiederabräumen, stellt also eine große zeitliche und organisatorische Erleichterung dar. Falls im „Fachlehrerbetrieb" der ständige Abbau nötig ist, sind ineinander stapelbare Ablagekörbe, in denen die Aufträge verbleiben, sehr hilfreich.
Die Kennzeichnung der einzelnen Stationen durch Ziffern, Buchstaben oder Symbole hilft den Schülerinnen und Schülern bei der Orientierung. Durch bewusste Verwendung dieser Ordnungsangebote kann die Struktur des Themengebietes oder eine andere Struktur (z. B. Arbeitsform o. Ä.) gleichzeitig verdeutlicht werden.

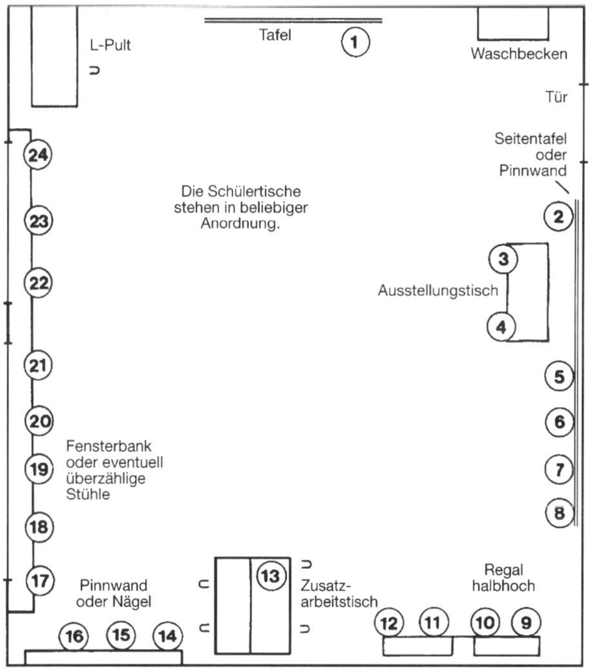

Eine Fortschrittsliste bzw. ein Laufzettel gibt Schülerinnen und Schülern wie den Lehrkräften jederzeit eine Rückmeldung über den derzeitigen Bearbeitungsstand und dient der Übersicht.

Auswahlangebote
Den Schülerinnen und Schülern ist sinnvollerweise ein Auswahlangebot zu ermöglichen; Minimalanforderungen können von der Lehrerin oder dem Lehrer definiert werden. Als Orientierungshilfe finden Sie dazu in den Hinweisen zu diesem Themenheft weitere Angaben.

Sonstige Tipps
Organisatorische Bedingungen und Festlegungen sind möglichst an der konkreten Situation und erst beim tatsächlichen Bedarf zu klären und zu regeln. Ist die Klassenstärke größer als die Anzahl der zur Verfügung stehenden Arbeitsstationen, können Sie die einzelnen Arbeitsaufträge mehrfach anfertigen. Weitere Hinweise zur Organisation, zu den Inhalten und zum Lernen an Stationen allgemein finden Sie im Einführungsband zu dieser Reihe, der unter dem Titel *Schülergerechtes Arbeiten in der Sekundarstufe I: Lernen an Stationen* im selben Verlag erschienen ist.

Roland Bauer
(Herausgeber)

ALLGEMEINE HINWEISE ZU DIESEM THEMENHEFT

Rechtschreiben „lernen“
Die deutsche Rechtschreibung ist kompliziert. Deshalb ist es verständlich, dass sie mit ihren zahlreichen Regeln und Ausnahmen vielen Schülern Schwierigkeiten bereitet. Um sie zu erlernen und sich die richtige Schreibung der einzelnen Wörter einzuprägen, werden von den Schreibenden Fähigkeiten auf vielen Ebenen verlangt. Darüber hinaus sind für die Speicherung eines Wortes bei verschiedenen Schülern auch verschiedene Lernkomponenten ausschlaggebend: Um ein Wort zu „lernen“, ist es je nach Lerntyp wichtig, das geschriebene Wort zu sehen (visuell), das gesprochene Wort zu hören (akustisch), es selber auszusprechen (sprechmotorisch), es über eine Regel zu erschließen (kognitiv), es mit einer „Eselsbrücke“ zu verbinden (mnemotechnisch), die Wortbedeutung zu verstehen (semantisch) oder über wiederholtes Schreiben das Wortbild zu automatisieren (graphomotorisch). Wir möchten den verschiedenen Lerntypen in dem vorliegenden Heft gerecht werden, indem wir Übungsformen anbieten, die alle diese unterschiedlichen Lernkanäle ansprechen.

Lernen unter der besonderer Gewichtung eines Lernkanals
Wir können beobachten, wie Schüler im Laufe mehrerer Schuljahre einen Weg finden, sich auf Klassenarbeiten vorzubereiten: das „Heft durchlesen“, alles ordentlich und gut gegliedert abschreiben, viel Stoff auf winzigen Spickzetteln komprimieren, Auswendiglernen und Aufsagen der Inhalte usw. Vielleicht haben die Schüler selbst einen Lerntypen-Schwerpunkt gewählt, der sich für sie bewährt hat, vielleicht haben sie ihn nur von anderen übernommen, vielleicht haben ihnen auch die Eltern oder die Nachhilfe dazu geraten. Wir möchten es nun nicht dem Zufall überlassen, ob unsere Schüler die für sie hilfreichste Lernstrategie selbst finden oder nicht. Vielmehr möchten wir ihnen mit unserer Grobeinteilung der Lerntypen (vgl. Kapitel 1) und mit entsprechenden Übungen helfen, sich selbst über die eigenen Lernvoraussetzungen Gedanken zu machen und diese zu „testen“. Den oben genannten Lernkanälen müssen sinnvollerweise verschiedene Übungsangebote entsprechen.
Auch wenn ein Schüler seinen bevorzugten Lernkanal gefunden hat, ist lernpsychologisch weiterhin die Anregung beider Hirnhälften und damit das Abdecken mehrerer der oben genannten Lernkomponenten erforderlich. So ist z. B. auch für den visuellen Lerntyp, den „Augen-Lerner“, eine motorische Verankerung der Lerninhalte angebracht.

Textgrundlage der Stationen
In den Medien werden wir täglich mit neuen Vokabeln konfrontiert. Die Jugendkulturen prägen neue Wörter, greifen sie aus der Popkultur auf und interpretieren lustvoll Wortinhalte um. Wer von den Lehrenden denkt bei dem häufig gebrauchten Wort „Spaß“ an die Bedeutung von „sich ernst genommen fühlen“ oder „eine erfüllte Zeit haben“? Dabei wird die Grammatik oft ignoriert, z. B. bei: „Ich habe fertig“, „Ich habe getrinkt“ oder „Das ist doch gut gedeutscht!“
Wir wollen uns mit dem Vokabular der Jugendlichen auseinandersetzen (und auch mit Chancen und Grenzen ihrer Wortschöpfungen). Unsere Übungen sind daher in einem ersten Schritt „offen“ formuliert: Die in der Analyse aus Kapitel 2 gewonnenen persönlichen „Lernwörter“ werden in Anlehnung an die geltenden Rechtschreib-Regeln geübt. Die Schüler arbeiten also keine Fremdtexte ab, sondern arbeiten mit eigenen Lernwörtern. Diese gewinnen sie aus korrigierten freien Texten, Hausaufgaben, Aufsätzen oder Diktaten. Sie werden für jeden Schüler in einer persönlichen Lernwörterliste (vgl. Kapitel 2) festgehalten. Zusätzlich bieten wir an der Fußzeile jeder Übung aber auch zum jeweiligen Rechtschreib-Phänomen eine begrenzte, assoziativ entstandene „Wortschatz-Verbreiterung“ an, um eine

Wiederholung der Übung zu ermöglichen, z. B. für den Fall, dass ein Schüler aus seinem eigenen Wortschatz ca. 1–2 eigene Wörter zum Üben hat, die Übung aber mit weiteren Wörtern vertiefen will. Hierzu nimmt er Wörter aus der Fußzeile der jeweiligen Übung. Für unser Rechtschreib-Training bedeutet dies, dass die Übungen unzusammenhängend, nicht durch ein Thema oder eine Geschichte verbunden, „blanko" für den eigenen Wortschatz vorliegen, da diese Wörter aus der besten „Rahmengeschichte" kommen, die es gibt: aus den Gedanken der Lernenden selbst.

Bewusstmachen statt Fehlerverbesserung

Unser Arbeitsprinzip weicht vom „Verbessern von Rechtschreibfehlern" ab: Für eine motivierte Lernhaltung müssen Lern- und Leistungssituation getrennt werden (die beide erwünscht und notwendig sind). Daher macht es keinen Sinn, in einer Leistungssituation erzeugte Fehler in einer folgenden Lernsituation (siehe klassische Diktattexte) zu üben. Stattdessen möchten wir die Übungsschwerpunkte mit der folgenden Vorgehensweise in das Bewusstsein der Lernenden rücken.

- Fehler finden und Wörter systematisiert notieren (Kapitel 2);
- Übungswörter in neuen Übungen statt in alten Sätzen neu schreiben (das bedeutet zunächst mit begrenztem Wortschatz, Kapitel 3);
- häufiges Wiederholen (wir geben den Lernenden Zeit bis zur Prüfung!).

Ziel und Aufbau des Heftes

Ziel dieses Heftes ist es, die Schüler auf den ersten Schritten zum selbstständigen Üben zu begleiten.

Kapitel 1 Seite 9–15

Eigene Lernvoraussetzungen erkennen und nutzen

In Lerntypentests erfahren die Schüler, über welchen Lernkanal sie selbst Inhalte am leichtesten erschließen. So wird ihnen bewusst, dass Rechtschreibenlernen (im Sinne von Rechtschreibenüben) durch die Beachtung der persönlichen Lernvoraussetzungen vereinfacht und verbessert werden kann. Die Tests und deren Auswertung sind nicht standardisiert. Durch deren Vielfalt aber auch durch die Information über Strategien der Schüler lässt sich der Lerntyp in den meisten Fällen feststellen. Mischtypen wählen die Aufgabe, die sie mehr anspricht. Wir haben beobachtet, dass eine Mischform aus Hören und Tun für schwache Schüler in besonderem Maß geeignet ist.

Kapitel 2 Seite 15

Übungsschwerpunkte entdecken

Fehleranalysen eigener Texte sollen den Schülern bewusst machen, was „recht schreiben" im Sinne von „richtig schreiben" bedeutet, und sie für ihre eigenen Rechtschreib-Schwierigkeiten sensibilisieren. Mithilfe von Auswertungsbögen, die anfangs die Lehrkraft, zunehmend aber der Lernende selbst ausfüllt, sollen die individuellen Übungsschwerpunkte (Gewichtung der Fehler) gefunden werden. Diese Bögen verbleiben bei den Schülern, um das Bewusstsein und die Verantwortung für das eigene Lernen zu stärken.

Kapitel 3 Seite 16–48

Spannende Stolpersteine üben

Hier finden sich konkrete Übungen, die zum längerfristigen Trainieren dieser Übungsschwerpunkte eingesetzt werden können und den verschiedenen Lerntypen entsprechen. Wir verdeutlichen den Einsatz der Übungen an einer jeweils geeigneten Rechtschreib-Schwierigkeit (vgl. die Lernwörterlisten am Ende der Seiten). Wir wählten hier Phänomene aus, die in den Analysen von drei fünften Klassen als häufigste Fehlerschwerpunkte genannt wurden. Alle Übungen sind jedoch übertragbar auf andere Phänomene.

Hinweis

Dieses Heft beinhaltet eine Sammlung von Rechtschreibübungen, die den Umgang mit dem Regelwerk offen- und den jeweiligen Kolleginnen und Kollegen überlässt. Regeln können für einige Schüler aber eine entscheidende Stütze sein. Sie können deshalb anhand der zu lernenden Wörter erklärt und auf den Übungsblättern ergänzt werden. Wir erheben keinen Anspruch auf Unbekanntheit aller Übungen; neu ist vermutlich die Vernetzung von Medium und Anweisung in Abstimmung auf die verschiedenen Lerntypen.

Methodische Hinweise für Lehrer zur Nutzung des Heftes

Das Heft bietet mehrere Ansätze der Nutzung. Zusätzlich zu den Lerntypentests finden die Schüler beim Durchlaufen verschiedener Übungen zu den drei Lernkanälen Auge – Ohr – Hand heraus, ob sie einen zentralen Lernkanal haben oder ein Mischtyp sind.
Hierzu wählt der Lehrer mehrere Stationen für alle drei Lernkanäle aus. Die Namen der Stationen auf dem Übersichtsbogen (S. 16) kann entweder der Lehrer eintragen oder der Schüler selbst. Indem die Schüler die Stationen bewerten, haben Lehrer und Schüler wie bei einem Laufzettel die Übersicht über die erledigten Aufgaben und Trends.

- Die Schüler machen gezielt Übungen zu ihrem Lernkanal; Mischtypen üben auf mehreren Lernkanälen. So entsteht allmählich ein Repertoire von bewährten Lieblingsübungen, mit denen sie künftig selbstständig arbeiten können.
- Die Schüler üben ein ausgewähltes Rechtschreib-Phänomen ihrem Lerntyp entsprechend. Dazu bietet das Heft eine Übungsseite, zusätzlich kann der Lehrer

andere Übungen aus dem Heft auf das Rechtschreibproblem übertragen: Nach dem Abschneiden von Kopf- und Fußzeile mit den Überschriften und dem Wortmaterial der Heftseite ist sie auf viele Phänomene anwendbar. Eventuell muss auch in der Arbeitsanweisung für Schüler die entsprechende Buchstabenkombination überklebt werden. Der Übersichtsbogen wird als Laufzettel benutzt.

- Die Schüler üben ein ausgewähltes Rechtschreib-Phänomen vertiefend mit dem Wortmaterial der Fußzeile.
- Unserem Ansatz entspricht es jedoch, die Schüler mit ihren individuellen Lernwörtern auf den Weg zu schicken, um diese mithilfe der Übungsformen zu trainieren, die ihrem Lerntyp entsprechen (vgl. S. 9 ff.)

Für den Umgang mit der Fülle des Materials hat sich in unserer Klasse Folgendes bewährt:

- Die Lernenden gewöhnen sich daran, ihre eigene Lernwörterliste bereitzuhalten.
- Die Lernenden gewöhnen sich daran, sich bei der Auswahl der Aufgaben auf ihre Lerntypensymbole zu konzentrieren, anstatt ein Medium z. B. nach dessen äußerer Attraktivität auszuwählen.
- Die Lernenden gewöhnen sich daran, die Arbeitsanweisungen ganz zu lesen und das nötige Material (eventuell auch Mitspielerinnen und Mitspieler) gemäß den Symbolen zu organisieren.
- Die Lernenden gewöhnen sich daran, verschiedene Übungen mit einer bestimmten Anzahl an Lernwörtern zu machen.

In unserer Klasse legten wir die Anweisungen an jeder Station in der Form aus, wie sie im Heft abgedruckt ist (d. h. für alle). Eine andere Möglichkeit ist es, für jeden Lerntyp eine eigene Materialkiste mit Anweisung (⅓ Seite auf einer Karteikarte) aufzubauen und so den Überblick zu erleichtern. Die Organisation hängt jedoch im Wesentlichen von der Zielsetzung ab.

Der Wortschatz (Fußzeilen) auf den einzelnen Seiten ist gegliedert in Substantive, Verben, Adjektive und Sonstige. Er kann zur Erweiterung des eigenen Wortschatzes sowie zu Wortbildungs- und Wortableitungsübungen genutzt werden. Es ist auch sinnvoll, an den Stationen zusätzlich Wörterbücher auszulegen.

Viele Übungen eignen sich als spielerisches Intervall während des Deutschunterrichts. Mit ihnen wird den Schülern der Zugang zu den Stationen erleichtert. Für die Lehrkraft ist es anstrengend, zu viele Stationen mit neuen Spiel- und Übungsformen gleichzeitig zu betreuen. Hier entlastet es, wenn einzelne Schüler im Vorfeld zu Experten „ausgebildet“ werden. Diese Experten betreuen dann einzelne Stationen.

Wenn wir von Lehrern, Schülern und Mitschülern sprechen, meinen wir auch Lehrerinnen, Schülerinnen und Mitschülerinnen.

Verwendete Literatur

Baillet, Dietlinde: Freinet – praktisch. Weinheim – Basel 1983

Diefenbach, R./Engemann, C./Schenzer-Heimann, C.: wir sprechen schreiben lesen – Handreichung für den Unterricht (Band 2, 3 und 4). München 1993

Fuhr, Reinhard/Gremmler-Fuhr, Martina: Faszination Lernen. Köln 1988

Lusebrink, Amy: 159 Celtic Designs. New York 1988

Schilknecht, Beth: Rhythmik und Sozialerziehung in der Primarstufe. Zürich 1984

Schulte, Ingrid/Hipp, Wolfgang: Lesen mit Lo, ein Leselehrgang. Rheinbreitbach 1993

Themenschwerpunkt „Lernentwicklung und Leistungsbeurteilung“ im Januarheft 1999 der Zeitschrift Grundschule (Westermann, Braunschweig) Seite 8–26

Triebel, Heinz/Maday, Wilhelm: Handbuch der Rechtschreibübungen. Weinheim, Basel 1991

MATERIALLISTE UND ANMERKUNGEN ZU DEN EINZELNEN STATIONEN

Um die Vorbereitung so problemlos wie möglich zu machen, sind die benötigten Materialien bei den jeweiligen Aufgabenstellungen noch einmal angegeben (in kursiver Schrift). Meist ergibt sich aus dem Arbeitsauftrag, wie die Stationen einzurichten sind. Die Durchführung und Planung soll durch die folgende stichwortartige Übersicht erleichtert werden:

Seite

Kapitel 1:
Eigene Lernvoraussetzungen erkennen und nutzen

Assoziationen sammeln 9

Einen Klassensatz kopieren; die Schüler sollten eine kurze Erläuterung zu dem Blatt erhalten, um sie für die verschiedenen sinnlichen Assoziationsmöglichkeiten zu sensibilisieren. Hilfreich für das spontane Ausfüllen ist es, wenn die Schüler immer nur eine Zeile sehen und die folgenden mit einem

Seite

Lineal oder Papier abdecken. Es muss darauf hingewiesen werden, dass der erste Eindruck angekreuzt werden soll, es darf also pro Gegenstand nur ein Kreuz gesetzt werden. Es muss deutlich werden, dass es hier kein „Richtig“ und kein „Falsch“, kein „Gut“ oder „Schlecht“ gibt. Die Auswertung des Bogens, der allein noch keine Aussagekraft besitzt, erfolgt durch Auszählen der Kreuze für die einzelnen Sinneskanäle.

Augenlerner-Test 1: *Klassensatz (Spielanleitung 1 mit 10 Bildern und Spielanleitung 2 mit 10 Wörtern sowie Auswertungsbogen für den Test) kopieren: Die Schüler bekommen Spiel 1 und gehen nach Spielanleitung vor. Danach verfahren sie ebenso mit Spiel 2. Während dieser Zeit sollte der Lehrer für konzentrierte Stille sorgen. Danach teilt der Lehrer den Auswertungsbogen aus und die Schüler füllen diesen aus. Wichtig ist es, bei der Auswertung des Augentests im Klassengespräch die persönlichen „Lerntricks“ bewusst zu machen, da sie entscheidende Hinweise auf den Lerntyp geben. Merkstrategien von Schülern sind z. B.: eine Geschichte erfinden, sich ein Bild im Kopf machen/vorstellen, Anfangsbuchstaben merken, nach Oberbegriffen sortieren, etwas immer wieder aufsagen (einen Rhythmus sprechen, eine Sprechmelodie erfinden). Der Augentest kann auch durchgeführt werden, indem die Bilder und die Wortreihe auf Folie kopiert werden. Die Schüler erhalten dann nur den Auswertungsbogen zum Ausfüllen.*

Augenlerner-Test 2: *Der Lehrer oder eine Schülergruppe hat die Anleitung und führt den Test durch. Alle Teilnehmer bekommen die Kopie eines Auswertungsbogens. Es sollten alle Beteiligten alle Gegenstände sehen können, d. h., die Gruppe sollte nicht zu groß sein. Der Anleitung gemäß können Gegenstände mit einem unpassenden Element z. B. sein: Inhalte des Mäppchens und ein Knopf, Gegenstände aus Holz und einer aus Plastik, blaue Gegenstände und ein andersfarbiger Gegenstand. Die Schüler erhalten nach dem Test den kopierten Auswertungsbogen. Diesen Bogen bekommt der Lehrer zu sehen.*

Ohrenlerner-Test: *Walkman, Kassette für Test 1 und Test 2 besprechen; für Test 1 könnte z. B. folgende Wortreihe aufgenommen werden: 1 – innen, 2 – Ring, 3 – Anfang, 4 – morgen, 5 – Stange, 6 – Panne, 7 – Abend, 8 – bringen, 9 – Kind, 10 – singen; für Test 2 wären folgende Reihen möglich: Gas; Spaß; Gasse; Gras; nass / Schnee; schnell; geht; nett; Fee / ziehen; ist; immer; Gift; mies / boxen; Osten; Tonne; oben; Moos / Schuh; Nuss; Kuh; Bus; Gruß. Klassensatz für Hörtest 1 und 2 kopieren. Die Schüler hören über Walkman die Kassette an und gehen nach Anweisung auf ihrem Blatt vor. Die Korrektur findet durch den Lehrer (richtig/falsch) statt. Schon während der Durchführung wird deutlich, wem diese Übung leicht fällt und wem nicht.*

Handlerner-Test: *mathematische Plättchen, Legosteine, Fühlbuchstaben, Schrauben und Muttern oder ähnliche Gegenstände, die in ausreichender Menge beschafft werden können; der Test eignet sich für die Partnerarbeit: Ein Schüler bekommt die Arbeitsanweisung, der andere bekommt zunächst für die Übung die Augen verbunden, später die Augen entbunden und den Auswertungsbogen zum Ausfüllen. Diesen Bogen bekommt der Lehrer zu sehen.*

Klassensatz kopieren; evtl. Magnetbuchstaben; evtl. Spiele Magnetwörter (S. 25) und Riesenfüße (S. 48) vorbereiten. An die Tafel werden 3 Spalten gezeichnet, die mit den 3 Spalten der Kopiervorlage korrespondieren. In jede dieser Spalten an der Tafel werden 6 Wörter eingetragen. Diese 6 Wörter werden jetzt mit den in der jeweiligen Spalte angegebenen Lernschritten gelernt. Die Übung sollte an 2 aufeinanderfolgenden Tagen stattfinden. Am Ende des zweiten Tages werden die Wörter durchmischt schriftlich abgefragt. Dafür gibt es keine Noten, solange der Test zur Erhebung des Lerntyps dient! Sonst prüft man die Prüfungsangst. Die Schüler sollten möglichst nachvollziehen mit den Lernschritten welcher Spalte sie den größten Lernerfolg erzielt haben.

Kapitel 2: Übungsschwerpunkte entdecken

Jeder Schüler erhält eine individuelle Lernwörter-Liste und damit eine Übersicht über die Rechtschreib-Phänomene, mit denen er Probleme hat und die er langfristig üben sollte. Die Lernwörter werden folgendermaßen gewonnen: Der Lehrer stößt bei der Korrektur von Schüler-Texten, wie z. B. in Hausaufgaben, in freien Texten, in Aufsätzen etc. auf Fehler. Diese markiert er nicht nur im Text, sondern trägt sie zusätzlich in berichtigter Form in die persönliche Lernwörterliste (Kopiervorlage hochkopieren) dieses Schülers ein. Manchmal sind bald deutliche Trends zu erkennen (z. B. eine Fehlerhäufung bei der Groß- und Kleinschreibung), bei manchen Schülern gibt es keine Trends, andere beherrschen die Rechtschreibung so gut, dass sie kaum üben müssen. Lässt sich bei einem Schüler kein Trend feststellen, soll er breit gefächert üben.

Seite

Um Trends besser zu erkennen, wird dieses Korrekturverfahren an verschiedenen Schülertexten so oft wiederholt, bis durch das Eintragen der Wörter in die Tabelle Übungsschwerpunkte ersichtlich werden. Alternativ können die Schüler dazu angeleitet werden, ihre im Text markierten „falschen" Wörter selbst richtig in die Liste einzutragen. Diese sollte der Lehrer dann vor dem Üben jedoch noch einmal kontrollieren. Die Lernwörterliste verbleibt bei jedem Schüler z. B. im Deutschordner oder -heft, denn sie ist Grundlage für die Arbeit an den Stationen und weiteres Üben im Deutschunterricht. Mit der Liste sollte kontinuierlich gearbeitet werden, entweder mit den aktuellen Wörtern aus der Liste oder mit beliebigen Wörtern zu besonders ausgeprägten Rechtschreibschwierigkeiten.

Kapitel 3: Spannende Stolpersteine üben

Der Übersichtsbogen (s. S. 16) dient zur Orientierung der Schüler im großen Angebot sowie der Orientierung des Lehrers über die von einem Schüler bearbeiteten Stationen. Den Schülern hilft er, die ihrem Lerntyp am meisten entgegenkommenden Übungen im Gedächtnis zu behalten. Je nach Arbeitsziel trägt der Lehrer oder der Schüler den Namen der Station, das entsprechende Lernkanalsymbol (Ohr, Auge oder Hand) und die Bewertung (Smilies: ☺ = gut; 😐 = geht so; ☹ = schlecht) ein.

Substantive großschreiben 17

- *Glücksrad: Das Glücksrad wird aus zwei verschieden großen runden Pappscheiben (z. B. 40 und 20 cm Durchmesser) gemacht. Sechs gleich große Kreissegmente werden aufgezeichnet. Entlang den Linien der Segmente werden die beiden Scheiben zusammengetackert, sodass sechs „Taschen" entstehen. Diese werden mit Zahlen oder Würfelaugen von 1 bis 6 beschriftet. Wortkärtchen werden in einer Größe zugeschnitten, die in die Taschen passt, und mit Artikeln und Substantivanfängen (Wörter mit den Endungen -ung, -heit, -keit, -nis) beschriftet; vgl. Arbeitsanweisungen.*
- *steinharte Wörter: pro Kind ca. 4 Steine bereitlegen; zusätzlich vier Steine mit den Endungen -ung, -heit, -keit, -nis beschriften; 4 weitere Steine mit passenden Substantivanfängen als Beispiele dazulegen*
- *Maschinensprache: Wir empfehlen, diese Übung mit der ganzen Klasse vorher schon einmal zu machen.*

Substantive zusammensetzen 18

- *Bilder bauen: Memory-Karten zuschneiden, evtl. auf Pappe kleben*
- *Montagsmaler: Karteikarten, Folie, Folienschreiber, Tageslichtprojektor*
- *Kopf-Puzzle*

Seite

Adjektive kleinschreiben 19

- *Sinnsuche: 3–5 Wörterschlangen auf Folie schreiben, siehe Beispiel; abwaschbaren Folienstift bereitlegen; leere Papierstreifen für die Schüler bereitlegen, diese können von dem Lehrer auf Folie für die Mitschüler kopiert werden*
- *Dosenfutter: Anfangsbruchstücke von Adjektiven auf kleine Zettel schreiben, die zu den Endungen -lich, -ig, -sam, -bar, -isch, -haft passen, z. B.: erstaun-, richt-, ein-, idiot-, ernst-; 6 Dosen mit den Endungen beschriften; Wörterliste entsprechend den vorgegebenen Wörtern zur Kontrolle bereitlegen; Papierkärtchen für weitere Wörter der Schüler zuschneiden*
- *Sprachlücken: Walkman; eine Kassette besprechen: jeweils erst die Adjektiv-Anfangssilbe, z. B. „erstaun", dann ca. 3–5 Sekunden Pause lassen, dann die Adjektiv-Endsilbe „lich" und gleich dahinter das komplette Adjektiv „erstaunlich"*

Verben kleinschreiben 20

- *Trio: die Verbformen der Kopiervorlage (S. 21) ausschneiden und alle Verbformen einzeln auf Pappe, Blanko-Spielkarten o. Ä. aufkleben (diese 39 Karten ergeben 13 Trios)*
- *Wortdrache: die drei Wortspalten der Kopiervorlage ausschneiden, den Wortdrachen gemäß der Kopiervorlage nachbasteln: Wortdrachen zweimal kopieren, auf einer Seite drei Sichtfenster ausschneiden, die jeweils den Blick auf eine Verbform der drei Wortstreifen freigeben. Beide Drachenseiten werden an Kopf und Schwanz aufeinandergeklebt, sodass die Wortstreifen hinter den Fenstern im Bauch des Drachen durchgezogen werden können. Die Wortstreifen werden sinnvollerweise auf Pappe aufgeklebt.*
- *Stuhlwettlauf: drei Stühle mit den Schildern versehen: „Gegenwart", „Vergangenheit" und „Grundform".*

Doppelkonsonanten: mm, nn, ll, pp, ff, rr, tt 23

- *Tintenkleckse: verschiedenartiges interessantes Schreibmaterial besorgen; besonders beliebt sind Geheimschriften (z. B. mit Zitronensaft auf Butterbrotpapier schreiben und getrocknet bügeln) oder auf besondere Art und Weise*

ASSOZIATIONEN SAMMELN

Name: ....

Sieh dir diese Liste konzentriert an und kreuze spontan an, welche sinnliche Wahrnehmung jeder Begriff bei dir auslöst.

	sehen	hören	fühlen	riechen schmecken
Schokolade				
deine Schultasche				
Käsebrötchen				
Hund				
Fußball				
es schneit				
Limonade				
Schaumbad				
deine Bettdecke				
Hallenbad				
alte Socken				
Kaffee				
Katze				
frisches Brot				
Sonnenuntergang				
Regen				
Rosen				
Ferien				
Wasserfall				
Watte				
deine Winterjacke				
Autobahn				
Rückwärtsgang im Auto				
Wüste				
Turnhalle				
spielende Kinder				
Wind				

AUGENLERNER-TEST 1

Spiel 1

- Schaue dir eine Minute lang die 10 Bilder an
- Drehe dann das Blatt um und schreibe auf, welche Gegenstände du gesehen hast.

Spiel 2

- Lies dir die 10 Wörter aufmerksam durch.
- Drehe das Blatt um und schreibe die Wörter auf.

Schnee

Baum

Zeitung

Suppe

Ratte

Tasse

Vogel

Tulpe

Besen

Kühlschrank

Auswertung

- Was konntest du dir leichter merken?
  Bilder ☐ Wörter ☐
- Kontrolliere jetzt beide Aufgaben. Drehe beide Blätter um.
- Wie viele Richtige hattest du? Spiel 1: ____________________

  Spiel 2: ____________________
- Hast du einen Trick angewendet, um dir die Dinge zu merken?
  Wenn ja, welchen?

  ____

  ____

  ____

  ____

  ____

  ____

AUGENLERNER-TEST 2 

- 1 Person legt alle Gegenstände gut sichtbar auf den Tisch und das Tuch darüber, während die anderen Personen nicht hinsehen.
- Jetzt nimmt sie das Tuch weg. Die anderen gucken sich die Gegenstände 5 Sekunden lang an. Dann werden die Gegenstände wieder abgedeckt.
- Die Mitglieder der Gruppe müssen aus der Erinnerung so viele Gegenstände wie möglich aufschreiben. Einer der Gegenstände passt nicht zu den anderen. Welcher Gegenstand war das?

Auswertung Augentest 2

Ich konnte mir von ________ Gegenständen ________ merken.

Ich habe den unpassenden Gegenstand gefunden. ja ☐ nein ☐

Mir hat diese Übung Spaß gemacht. ja ☐ nein ☐

DER OHRENLERNER-TEST 

Test 1

- Höre dir die Kassette im Walkman an.
- Nimm dir dazu eine Tabelle und kreuze an, in welchen Wörtern du den Laut -ng hörst! (z. B. in verlangen)
- Mache unter die Wörter ein Kreuz, bei denen du ein -ng hören konntest.

1	2	3	4	5	6	7	8	9	10
☐	☐	☐	☐	☐	☐	☐	☐	☐	☐

Material: mit -ng-Wörtern besprochene Kassette, Walkman

Test 2

- Vokale (a, e, i, o, u) werden unterschiedlich lang ausgesprochen. Auf der Kassette hörst du zu jedem Vokal einige Wörter, in denen du diese Unterschiede bemerken kannst.
- Schreibe nun für die Wörter das „Klangmuster" auf. Das heißt, für jedes Wort schreibst du ein Zeichen auf. Wird der Vokal lang gesprochen, machst du einen Strich – . Ist der Vokal kurz, machst du einen Punkt • !

Ein Beispiel:

du hörst:	Ruhe	Fuß	Kuss	Guss	Mutter
du schreibst	–	–	•	•	•

- Alles klar? Dann mache jetzt die Kassette an und fülle die Tabelle aus.

a					
e					
i					
o					
u					

Material: mit Vokalwortreihen besprochene Kassette, Lösungsblatt

HANDLERNER-TEST 

- Suche dir einen Partner oder eine Partnerin. Legt euch abwechselnd gegenseitig ein Muster mit 3 und dann auch mehr Gegenständen. Während der eine das Muster legt, hat der andere die Augen verbunden.
- Jetzt muss mit verbundenen Augen das Muster „erfühlt“ werden. Dann muss mit verbundenen Augen genau dasselbe Muster mehrere Male hintereinandergelegt werden.

Ich habe das Muster in der 1. Fortsetzung richtig nachgebaut.

ja ☐ nein ☐

Ich habe in der 2., 3. oder weiteren Fortsetzung einen Fehler gemacht.

ja ☐ nein ☐

Ich habe immer denselben Fehler gemacht.

ja ☐ nein ☐

AUSWERTUNG FÜR ALLE DREI TESTS

- Bei diesem Test habe ich am meisten gewusst:

Augenlerner-Test ☐

Ohrenlerner-Test ☐

Handlerner-Test ☐

VOKABELN

Augenlerner	Handlerner	Ohrenlerner
1. Schreibe jedes Wort doppelt so groß wie sonst. Male ein Bild dazu, das dich an dieses Bild erinnert.	1. Schreibe jedes Wort doppelt so groß wie sonst. Male ein einfaches Bild oder ein Symbol dazu, das dich an dieses Wort erinnert.	1. Schreibe jedes Wort doppelt so groß wie sonst. Male ein einfaches Bild oder ein Symbol dazu, das dich an dieses Wort erinnert.
2. Zeichne die Buchstaben im Wort, die du dir besonders merken willst, bunt nach!	2. Zeichne die Buchstaben im Wort, die du dir besonders merken willst, bunt nach!	2. Schreibe dazu, welche Geräusche zum Wort passen.
3. Trenne das Wort in Sprechsilben und male bunte Bindebögen darunter.	3. Trenne das Wort in Sprechsilben und male bunte Bindebögen darunter.	3. Trenne jedes Wort in Sprechsilben und setze Bindebögen darunter. Gehe im Gang auf und ab und lies die Wörter im Rhythmus.
4. Schreibe jedes Wort doppelt so groß wie sonst: einmal in Großbuchstaben und einmal in Kleinbuchstaben.	4. Lege jedes Wort mit Magnetbuchstaben nach oder schreibe jedes Wort, indem du die einzelnen Buchstaben groß hintereinanderschreibst. Ein Beispiel: B R O T	4. Mache mit einem Partner oder einer Partnerin das Spiel: „Magnetball“ oder „Riesenfüße“ aus den Rechtschreib-Stationen.
5. Schreibe jedes Wort normal groß, nur die Buchstaben, die du dir besonders merken willst, schreibst du doppelt so groß.	5. Nimm dir ein buntes Papier. Schreibe ein Wort in die Mitte in eine Wolke. Schreibe andere Wörter aus der Wortfamilie drum herum Ein Beispiel: Tier – tierlieb, tierisch, Arbeitstier ...	5. Sprich das Wort in unterschiedlicher Lautstärke, Stimmlage; sprich überdeutlich (z. B. hört man bei „Geschirr“ die Teller klirren, die auf den Boden fallen). Du kannst die Wörter auf Kassette aufnehmen!
	6. Schreibe ein Wort. Schreibe dann Wörter auf, die im Leben dazu „passen“. Ein Beispiel: Geschirr: Tasse, Teller, Tisch ...	

Lernwörterliste von ____________________

Wortarten			Vokale		Wortstamm		gehört – geschrieben	
Substantive	Verben	Adjektive	Schärfung: ss, mm, nn, ll, pp, ff, tt, rr	Dehnung: ie, h	Auslautverhärtung: d-t	Stammkonsonanz (Ableitungen): a / ä und au / äu / eu	ähnliche Konsonanten: p-b	Schwierig zu merken: v, k, ck, chs, st-, sp, tz, ß

ÜBERSICHTSBOGEN VON ______________________________

Name der Station	Lernkanal	Ich fand die Übung

Substantive großschreiben

Glücksrad

ab

Spielanleitung:

- Verteilt die Wortkärtchen gleichmäßig auf die sechs Fächer im Glücksrad.
- Der erste Spieler würfelt und zieht aus dem Fach mit der entsprechenden Augenzahl eine Karte. Die Endung fehlt an dem Wort auf der Karte: -ung, -heit, -keit oder -nis. Der Spieler muss jetzt entscheiden, welche Endung dazugehört. Ein Beispiel: Er zieht die Karte, auf der „Schlau“ steht. Die richtige Endung dazu ist „heit“. Der Spieler sagt laut „Schlauheit“.
- Die Mitspieler hören zu und entscheiden, ob die Antwort richtig war. Wenn sie richtig war, darf der Spieler die Karte behalten.
- Dann ist der nächste Spieler dran.

Material: Glücksrad, Wortkarten, Würfel

Steinharte Wörter

- Die Substantiv-Endungen „ung, -heit, -keit, -nis“ findest du auf 4 Steinen geschrieben.
- Schreibe nun deine Lernwörter oder Wörter aus der Wörterliste ohne die Endung auf andere Steine. Bilde einen Steine-Berg. Wenn schon von anderen Schülern beschriftete Steine da sind, kannst du diese natürlich mit verwenden.
- Suche dir einen – Partner.
- Dieser soll die Steine mit deinen Lernwörtern zu den Steinen mit der passenden Endung legen. Du kontrollierst!

Material: Steine, Edding

Maschinensprache

- Schreibt eure Lernwörter in einer Liste untereinander und unterteilt dabei jedes Wort mit Bindebögen in seine Sprechsilben.
- 1 Spieler geht vor die Türe. Die anderen entscheiden sich jeder für eine Silbe eines Wortes.
- Der Spieler von draußen kommt wieder herein. Die anderen 2, 3 oder 4 Spieler sagen ihre Silbe ohne Unterbrechung laut vor sich her. Alle sprechen gleichzeitig.
- Der Spieler, der draußen war, muss erraten, welches Substantiv die Silben des Sprechchors ergeben, und es laut sagen. Hat er richtig geraten, geht der nächste Spieler raus.

Suchst du noch mehr Wörter?

-ung: Bewegung, Verzeihung, Erkältung, Veränderung, Kühlung, Erklärung, Haltung, Verteidigung
-keit: Munterkeit, Einsamkeit, Fröhlichkeit, Freundlichkeit, Wirklichkeit, Höflichkeit, Richtigkeit, Heiterkeit, Wirklichkeit
-nis: Verzeichnis, Gleichnis, Ärgernis, Hindernis, Erlaubnis, Ergebnis, Zeugnis, Dunkelheit
-heit: Berühmtheit, Klugheit, Schönheit, Falschheit, Sicherheit, Trockenheit, Schlauheit, Gesundheit, Dummheit

SUBSTANTIVE ZUSAMMENSETZEN

Bilder bauen

- Beide Spieler schreiben immer einen Teil eines Lernwortes auf eine Memory-Karte. Wenn du zum Beispiel das Wort „Bücherregal“ nimmst, schreibst du auf eine Memory-Karte „Bücher“ und auf die andere „Regal“.
- Legt die Karten mit der Schrift nach unten aus, mischt sie und deckt abwechselnd immer 2 Karten auf.
- Wenn sich aus beiden Wortteilen ein zusammengesetztes Substantiv ergibt, gehört das Karten-Paar dir!

Material: Memory-Karten erstellen

Montagsmaler

ab

- Schreibe fünf eigene Lernwörter oder Wörter von der Liste unten einzeln auf Karteikarten. Mischt alle Karten.
- Einer von euch malt das erste Wort vom Kartenspiel auf Folie. Alle anderen Mitspieler raten: Wer das Wort am schnellsten errät, bekommt die Wortkarte und zeichnet als Nächster am Tageslichtprojektor.

Material: Karteikarten, Folie, Folienschreiber, Tageslichtprojektor

Kopf-Puzzle

- Jeder Spieler schreibt die Lernwörter auf eine Liste untereinander.
- Ein Spieler beginnt und sagt durcheinander die 4 einzelnen Substantive von 2 zusammengesetzten Substantiven.
- Der zweite Spieler muss nun die 4 Wörter, die er gehört hat, wieder zu 2 Substantiven zusammensetzen.

Suchst du noch mehr Wörter?
Kleiderschrank, Bücherregal, Gartenbank, Kaffeemaschine, Haustüre, Teekanne, Handtuchhalter, Suppenlöffel, Regenbogen, Sonnenschirm, Zahnbürste, Fingerring, Regentonne, Nadelbaum, Autoantenne, Handynummer, Suppenlöffel, Tischtennis, Elefantenohr, Treppenhaus, Einkaufswagen, Hautkrem, Flugplatz, Butterbrot, Hasenohr, Hühnerei, Stehlampe, Fahrradklingel, Fischfutter, Blaulicht, Hochsprung, Bratpfanne

ADJEKTIVE KLEINSCHREIBEN

Sinnsuche

- Suche in den Wörterschlangen das sinnvolle Adjektiv und kreise es ein.
- Erfinde neue Unsinnsadjektive für deine Mitschüler und schreibe sie auf. Mische „richtige“ Wörter darunter! Gib deine Schlange dem Lehrer oder der Lehrerin.

Material: Wörterschlangen auf Folie, Folienstift, leere Papierstreifen zum Selberbeschreiben

richsamrichbarrichtigrichtlich
ferbarfersamfertigferlich

oder

rundbarwunderlichseltlich

Dosenfutter

- Sortiere die Adjektiv-Bausteine in die entsprechenden Dosen!
- Kontrolliere mithilfe der Wörter am Ende der Seite.
- Schreibe eigene Adjektivanfänge für deine Mitschüler auf die Kärtchen und lege sie neben die Dose.

Material: Dosen, Etiketten, Wortkarten mit Adjektivbruchstücken

Sprachlücken

- Auf der Kassette hörst du die Anfänge von Adjektiven, die du vervollständigen sollst, indem du den richtigen Wortbaustein laut sagst. Ob deine Lösung richtig ist, hörst du sofort.
- Nimm dir jetzt den Walkman und spiele die Kassette ab.

Material: Kassette mit Adjektivanfängen, Walkman

Suchst du noch mehr Wörter?
-bar: wunderbar, heilbar, vergleichbar, reparierbar
-ig: richtig, wichtig, mutig, langweilig, traurig, unruhig, fertig, heilig, neuwertig, hungrig
-sam: genügsam, heilsam, geruhsam, arbeitsam, strebsam
-haft: wahrhaft, wohnhaft, zauberhaft, dauerhaft
-lich: wunderlich, natürlich, ehrlich, säuerlich, schauerlich, königlich

VERBEN KLEINSCHREIBEN

Trio

- Ziel des Spiels ist es, möglichst viele „Trios“ zu sammeln: Ein Trio besteht aus der Grundform eines Verbes, seiner Personalform in der Gegenwart und seiner Personalform in der Vergangenheit, z. B.: gehen – er geht – er ging.
- Jeder Spieler erhält 5 Karten. Die restlichen Karten liegen verdeckt auf einem Stapel in der Mitte. Wer ein Trio hat, legt es ab. Jetzt ziehen alle Spieler reihum eine Karte vom Stapel. Sobald ein Spieler ein Trio hat, darf er es aufdecken.
- Sind in der Mitte keine Karten mehr, tauschen die Mitspieler untereinander, um ihre Trios zu vervollständigen.
- Wer die meisten Trios erreicht, hat gewonnen.

Material: Triokarten

Wortdrache

- Schiebe die drei Wortstreifen so in den Wortdrachen, dass immer die drei zusammengehörigen Formen gleichzeitig zu sehen sind.

Material: „Wortdrache“, 3 Wortstreifen mit Platz für weitere Formen (s. Seite 21)

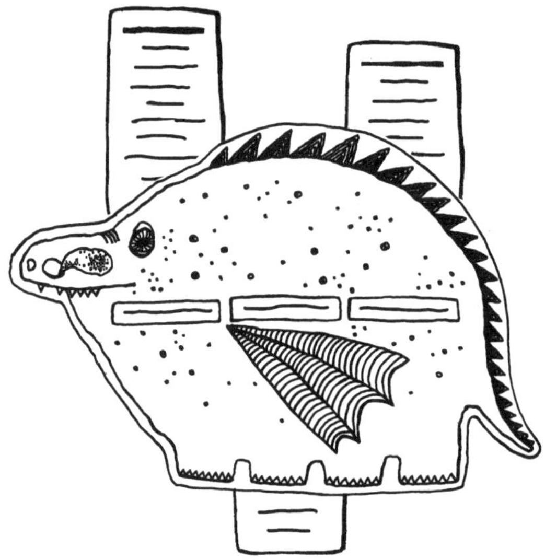

Stuhlwettlauf

- Dieses Spiel müsst ihr zu dritt spielen: Der jüngste Spieler fängt an: Er oder sie gibt ein Verb in der Grundform, der Personalform in der Gegenwart oder der Personalform in der Vergangenheit vor.
- Jetzt müssen sich die beiden anderen Mitspieler schnell auf den Weg machen, um den Stuhl mit dem richtigen Schild zu „besetzen“.
- Wer zuerst sitzt, sagt die beiden anderen Formen und darf die nächste Verbform vorgeben.

Material: 3 Stühle mit Schildern

VERBEN WORTDRACHE (WORTSTREIFEN AUSSCHNEIDEN)

Grundform	Gegenwart	Vergangenheit
freuen	er steht	sie musste
weinen	sie lässt	er freute sich
stehen	sie muss	sie entdeckte
müssen	sie entdeckt	sie ließ
dürfen	sie darf	er stand
entdecken	er freut sich	sie schlief
halten	er weint	er weinte
lassen	sie schläft	sie hielt
schlafen	sie hält	sie durfte
tragen	ich gewinne	sie lasen
gewinnen	wir schreiben	er warf
schreiben	wir laufen	wir schrieben
gehen	er wirft	ich fand
laufen	ich finde	er vergaß
lesen	ihr geht	ich gewann
finden	sie trägt	wir liefen
werfen	sie lesen	sie trug
vergessen	er vergisst	ihr gingt
______	______	______
______	______	______
______	______	______
______	______	______

VERBEN WORTDRACHE

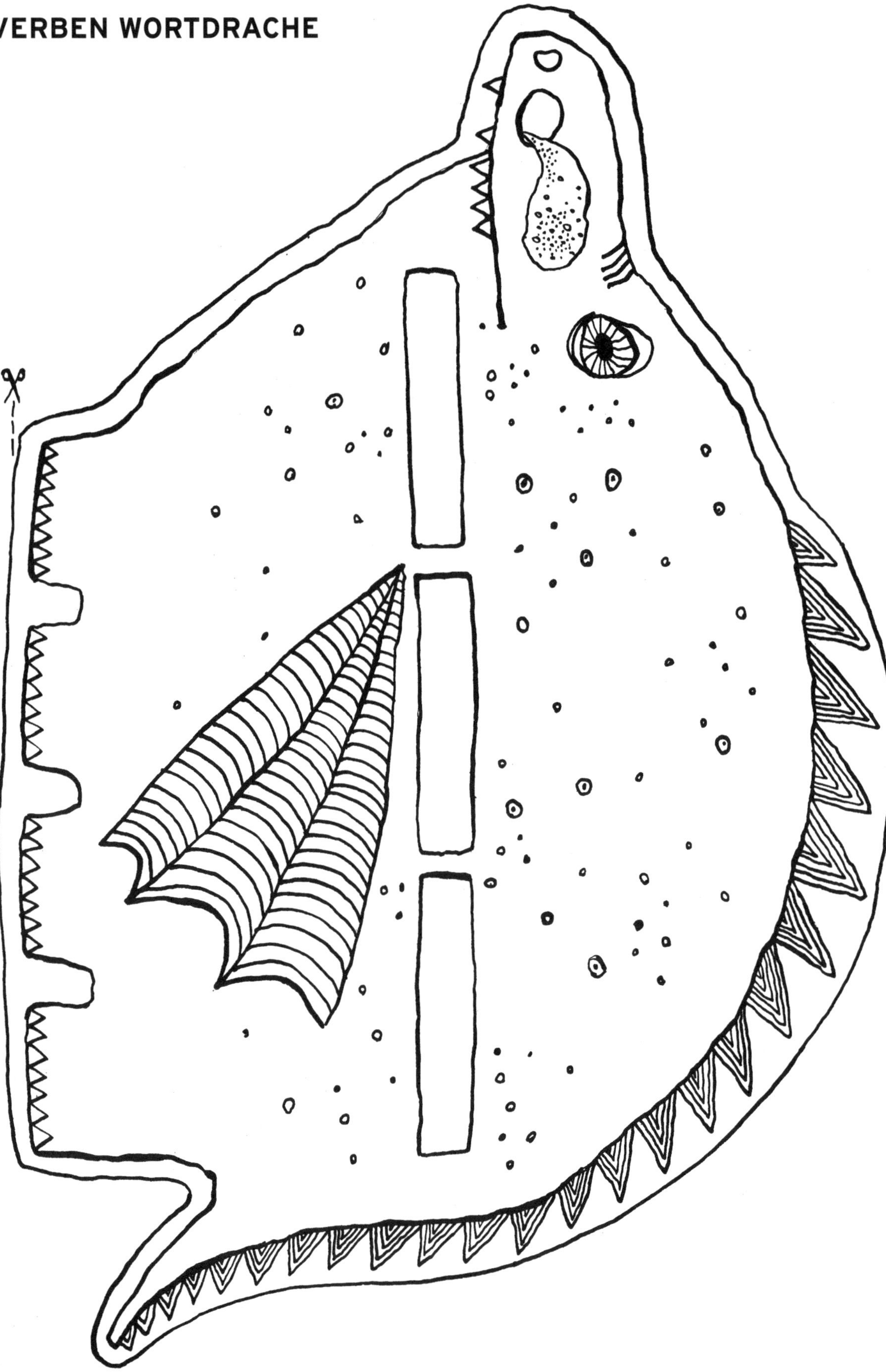

DOPPELKONSONANTEN: mm – nn – ll – pp – ff – rr – tt

Tintenkleckse:

- Schreibe ein Lernwort aus deiner Liste oder von den Wörtern unten an der Seite.
- Benutze dabei für die Doppelkonsonanten den besonderen Stift, die Geheimtinte oder stemple, klebe, drucke ... sie ins Wort hinein.

Material: alles, was schreibt: Federkiel und Tinte, Wachsfarben, Stempel-Buchstaben, Zitrone, Tintenkiller, Kohle, ... alles, wo es Buchstaben gibt: Schablone, Zeitung, Druckerei ...

Arme schwingen

- Schreibe deine Lernwörter in einer Liste untereinander und zeichne bunte Bindebögen darunter.
- Gehe dann durch das Zimmer und sprich immer ein Wort laut. Dabei schwingen deine Arme mit den Sprechsilben bis zum Bauch hinunter!

Steigung

- Schreibe deine Lernwörter in einer Liste untereinander auf und zeichne bunte Bindebögen ein.
- Sage die erste Silbe vom Wort, wenn du den Ball das Brett hinaufrollst, sage die zweite Silbe vom Wort, wenn der Ball wieder zu dir herunterrollt.
- Sprich jedes Wort auf diese Weise dreimal.

Material: Ball, Brett

Suchst du noch mehr Wörter?

mm: Hammer, Damm, Lamm, Gewimmel, Himmel, Schimmel, Zimmer, Sommer, gammeln, jammern, sammeln, rammen, flimmern, summen, brummen, schlimm, immer

nn: Mann, Panne, Pfanne, Wanne, Sinn, Sonne, Rinne, gewinnen, können, drinnen

ll: Ball, Fall, Halle, Galle, Qualle, Fell, Welle, Quelle, Delle, Zelle, Wille, Stille, Grille, Million, Billion, Knolle, Wolle, Zoll, fallen, prellen, schmollen, hell, schnell, toll

tt: Batterie, Blatt, Latte, Matte, Ratte, Sattel, Watte, Bett, Brett, Kette, Zettel, Bitte, Flitter, Gewitter, Mitte, Sitte, Ritt, zittern, hatte, retten, wetten, nett

ff: Affe, Giraffe, Waffe, Pfiff, Schiff, Stoff, gaffen, kläffen, raffen

pp: Kappe, Klappe, Lappen, Mappe, Pappe, Pappel, Treppe, Gruppe, Puppe, Suppe, Schuppen, tappen, zappeln, schleppen, tippen, wippen

rr: Zerrbild, Herr, Schnurrbart, Geschirr, Narr, schnurren, gurren, verwirren, murren, zerren, verraucht

DOPPELKONSONANT: ss

Gebogene Wörter

- Du kannst mit einem ✋-Lerner zusammenarbeiten und die Wörter von der Fensterscheibe mitbenutzen!
- Ihr vereinbart, dass alle Wörter mit „ss“ benutzt werden dürfen (und du denkst natürlich an deine Lernwörter!).
- Einer von euch beginnt, aus Pfeifenputzern den Anfangsbuchstaben von einem Wort zu legen, das er sich ausgesucht hat.
- Der Nächste formt einen zweiten Buchstaben, sodass ein sinnvolles Wort daraus werden kann. Der Nächste formt den dritten Buchstaben usw.
- Wenn ihr das Wort abwechselnd fertig geschrieben habt, könnt ihr euch darüber austauschen, welches Wort du eigentlich zuerst legen wolltest!

Material: Pfeifenputzer

Fensterschmuck

- Schreibe deine Lernwörter in großen Buchstaben ans Fenster (vielleicht kannst du dies auch zu Hause tun?!).

Material: Fingermal-Farbe

Magnetball

- Schreibe deine Lernwörter untereinander auf eine Liste. Blase einen Luftballon auf und suche dir einen Partner. Nehmt den Luftballon so zwischen euch, dass er nicht herunterfällt, z. B. könnt ihr Rücken an Rücken den Ballon zwischen euch klemmen oder Stirn an Stirn ... nur die Hände dürft ihr nicht benutzen.
- Lies nun ein Wort aus deiner Liste vor. Jetzt geht ihr beide im Gleichschritt los und sprecht dabei gemeinsam das Wort laut, wobei jeder Schritt eine Silbe begleitet. Der Ballon darf dabei nicht auf den Boden fallen.
- Sprecht das Wort fünfmal.

Suchst du noch mehr Wörter?
Kissen, Sessel, Kessel, Gasse, Flosse, Rüssel, Masse, Klasse, Tasse, Wasser, Schlüssel, Schüssel, Messer, Küsse, Pässe, Türschlösser, vermissen, fressen, messen, hissen, wissen, zerrissen, geschmissen, quasseln, fassen, rasseln, hassen, flüssig, zuverlässig, gehässig, bissig

DEHNUNG: ie

Magnetwörter

- Nimm deine Lernwörter oder Wörter aus der Liste von unten und lege sie mit den Magnetbuchstaben.

Material: Magnetisches Alphabet

Lautlose Wörter

- Schreibe deine Lernwörter oder Wörter von unten in einer Liste untereinander.
- Versuche, die Wörter in der Gebärdensprache zu zeigen.
- Suche dir einen Partner oder eine Partnerin. Diese soll sich die Gebärdenzeichen erst durchlesen und dann deine Wörter erraten und laut sagen.

Material: vergrößerte Kopie der Gebärdensprache

Schaukelwörter

- Schreibe deine Lernwörter oder Wörter von unten auf Karteikarten.
- Nimm die Karteikarten mit und lies sie zu den Schaukelbewegungen: Sprich bei jeder Bewegung eine Silbe.

Material: Karteikarten, Schaukel(-stuhl) oder Hängematte oder Wippe

Suchst du noch mehr Wörter?

Ziegel, Ziege, Liege, Zwiebel, Stiefel, Viertel, Biene, Klavier, Bier, Tier, spielen, riechen, biegen, liegen, sieben, gießen, siegen, kriegen, mieten, verbieten, wiegen, fließen, anbieten, kriechen, schließen, fliegen, striegeln, nieseln, siegeln, schieben, er fiel, blies, schrieb, rief, riet, blieb, schief, tief, verdrießlich, nie, hier, viel

KOPIERVORLAGE I ZU LAUTLOSE WÖRTER

KOPIERVORLAGE II ZU LAUTLOSE WÖRTER

DEHNUNG: VOKALE MIT -h

Bingo

- Dieses Spiel spielt man zu viert. Nehmt euch einen Spielplan und legt ihn in die Mitte. Jeder hat jetzt ein eigenes Wortfeld vor sich.
- Daraus wählt sich jeder Spieler 6 Wörter aus und schreibt sie auf die Linien mit den Pfeilen.
- Jetzt wird der Stapel mit den Wortkärtchen in die Mitte gelegt.
- Abwechselnd deckt ihr nun die Kärtchen auf und lest die Wörter vor.
- Wer ein Wort ausgesucht hatte, das vorgelesen wurde, darf dieses auf seinen Linien durchstreichen.
- Gewonnen hat derjenige, der zuerst alle Wörter durchgestrichen hat!

Material: folierter Spielplan, für jeden Spieler 1 wasserlöslicher Folienstift, Wortkarten mit den Bingowörtern

Wörter in die Länge ziehen

- Lies deine Lernwörter oder die Wörter von der Wörterliste laut vor. Dehne den Expander, während du sprichst.
- Versuche die gedehnte Silbe genau so lange (langsam!) zu sprechen, wie du den Expander auseinanderziehen kannst!

Material: Expander, Wörterliste

Suchst du noch mehr Wörter?
Jahr, Sehne, Rohr, Rahm, Rahmen, Mehl, Ruhm, Wohnung ....
gehen, stehen, sehnen, drehen, mähen, sehen, verstehen, nehmen, sehr, mehr

BINGO-SPIELPLAN

BINGO

1. SPIELER

zehn ___
· ehrlich
· stehen · ___
das Verkehrs-
schild · bestehen ___
· sie fehlt · wählen ___
· der Hahn · die Zahl
· fühlen · es geht · er fährt ___
· die Kohle · bestehen · fahren ___
· der Sohn · die Vorfahrt

Wähle 6 Wörter aus!

2. SPIELER

· ihn ___
· mehr
· die Uhr ___
· sehen · früh
· fahren · es geht ___
· die Fahrt · es geht
· die Zahl · der Sohn ___
· wählen · die Vorfahrt
· er wohnt · drehen · die ___
Verkehrsschule · er fährt

Wähle 6 Wörter aus!

3. SPIELER

der ___
Zahn
· die Bahn ___
· zählen · der
Sohn · stehlen ___
· mehr · er wohnt
· kühlen · die Uhr · die ___
Kohle · die Bahn · die Zahl
· die Drohung · sie steht · die ___
Wahl · der Fehler · fühlen

Wähle 6 Wörter aus!

4. SPIELER

___
ihn ___
· mehr
· wählen ___
· die Vorfahrt
· fehlen · Verkehr ___
· er stöhnt · wahr
· gefährlich · die Bahn· ___
er droht · Fehler · früh
fühlen · wählen · umsehen · ___
kühlen · es geht · das Fahrrad

Wähle 6 Wörter aus!

BLANKO-BINGO-SPIELPLAN

BINGO

BINGO

1. SPIELER

Wähle 6 Wörter aus!

2. SPIELER

Wähle 6 Wörter aus!

3. SPIELER

Wähle 6 Wörter aus!

4. SPIELER

Wähle 6 Wörter aus!

WORTSTAMM: a – ä und au – äu

Wortmaschine

Bei diesem Spiel findet ihr heraus, wie ihr Wörter richtig schreibt. Hierzu müsst ihr sie in der Wortmaschine verändern.

- Nehmt euch einen Spielplan und zwei Stifte.
- Derjenige, der beginnt, überlegt, in welche Maschine sein Lernwort passt: Ist es ein Substantiv oder ein Verb? Hilft es meinem Lernwort, wenn ich die Mehrzahl bilde? Dann kommt es in die erste Maschine. Hilft es meinem Lernwort, wenn ich das passende Verb suche? Dann schreibe ich es in die zweite Maschine. Oder hilft es, wenn ich mein Lernwort verkleinere mit der Endung „lein" oder „chen?" Dann kommt es in die dritte Maschine.
- Nun schreibt der erste Spieler sein Lernwort in die passende Maschine auf die richtige Seite.
- Der zweite Spieler schreibt dann das dazu passende Wort in das gegenüberliegende Feld.
- Dann gibt der zweite Spieler ein Lernwort vor.

Material: Blatt mit der Einzahl-Mehrzahl-Maschine (Kopiervorlage), 2 Folienstifte

Stoppuhr läuft

- Jeder Spieler schreibt seine Lernwörter oder Wörter von unten auf der Seite untereinander.
- Die Spieler legen eine Zeit fest (zum Beispiel 1 Minute).
- Der Spieler, der beginnt, liest ein Lernwort vor, der zweite Spieler muss die richtige Einzahl oder Mehrzahl sagen. Es geht darum, so viele Lernwörter wie möglich in einer Minute zu schaffen. Es muss also so schnell wie möglich geantwortet werden.
- Nach Ablauf der Zeit liest der 2. Spieler dem 1. Spieler seine Wortliste vor.
- Wer in dieser Zeit die meisten Wort-Paare (Einzahl und Mehrzahl) sagen kann, hat gewonnen.

Material: (Stopp-) Uhr

Zahn ⟷ Zähne

Suchst du noch mehr Wörter?

a/ä: *Blätter, Bälle, Bäder, Stäbe, Rätsel, Äpfel, Träger, Männer, Hähne, Bänder, Städte, Zähne, Nägel, Gläser, Wälder, Fächer, Räder, Dächer, Bänke, Säfte, Gärten, Anfänger, Bäcker, Verräter, Gebläse, Wäsche, Schwäche, Wärme, Härte, Kälte, Fläche, Glätte, Stärke, färben, zählen, wählen, einfädeln, nähen, länger, kälter, näher, schärfer, schwächer, wärmer, jährlich*

au – äu: *Bäume, Mäuse, Häuser, Läuse, Zäune, Räume, Sträuße, Häute, Kräuter, Schläuche, träumen, äußerst*

WORTMASCHINE (KOPIERVORLAGE)

Substantiv in der Einzahl ⟷ Substantiv in der Mehrzahl

Einzahl bilden
Mehrzahl bilden

Zahn ⟷ *Zähne*

Substantiv ⟷ Verb

passendes Substantiv bilden
passendes Verb suchen

Zahl ⟷ *zählen*

Substantive ⟷ Substantivchen

-chen -lein weg!
Wort verkleinern: -chen -lein

Haus ⟷ *Häuschen*

WORTER VERLANGERN: d-t

Würfelspiel

- Schaut euch den Spielplan an: Auf jedem Lauffeld steht ein Wort, das auf „d“ oder „t“ endet. Einigt euch, wer die „d-Wörter“ und wer die „t-Wörter“ als Lauffelder bekommt.
- Der d-Spieler beginnt. Er würfelt, darf aber nur auf das entsprechende Feld ziehen, wenn das Wort auf diesem Feld auf seinem Buchstaben endet, also dem „d“. Endet das Wort auf -t (z. B. Blut), muss er stehen bleiben.
- Um herauszufinden, welches der letzte Buchstabe des Wortes ist, könnt ihr das Wort in den Plural setzen oder ein Verb oder ein Adjektiv ableiten. Der Tipp unten zeigt euch, wie das geht. Noch Zweifel? Dann überprüft mithilfe der Wörterliste.
- Danach ist der „t“-Spieler an der Reihe. Er darf um seine gewürfelte Zahl nur vorwärts gehen, wenn auf dem Feld ein Wort steht, das auf „t“ endet.
- So wird abwechselnd gewürfelt, bis ein Spieler das Ziel erreicht hat.

Material: Spielplan, dazu jeweils ein Würfel, 2 Spielsteine

TIPP: Wenn ihr die Wörter verändert, hört ihr, ob sie mit „d“ oder „t“ geschrieben werden!

Bild —Mehrzahl→ die Bilder

Pracht —Adjektiv→ prächtig

Blut —Verb→ bluten

SPIELPLAN - WORTER VERLÄNGERN: d-t

ZIEL

Schil _	Such _	Pfa _	Mach _	No _	Mon _
					Stif _
Spor _	Bil _	Nei _	Blu _	Ba _	Lei _
Nach _					
Wal _	Kraf _	Gel _	Or _	Zan _	Rech _
					Klei _
Gol _	Zei _	Mor _	Wan _	Gas _	Strei _
Hun _					
Mu _	Ra _	Zus _	Wel _	Fel _	Hu _

START

GLEICHBLEIBENDER DOPPELLAUT: eu

Weiß auf blau!

- Tupfe etwas Tinte auf den Schwamm und presse ihn auf dein Blatt Papier.
- Auf diese blaue Fläche schreibst du mit Tintenkiller einen lustigen Satz, in dem möglichst viele deiner Lernwörter oder Wörter von unten mit „eu“ vorkommen.

Material: Tintenkiller, Tinte Schwamm, Zeitungspapier

Luftikus

- Schreibt eure Lernwörter oder Wörter aus der Liste von unten mit einem wasserfesten Stift auf einen Luftballon.
- Stellt euch nun mit etwas Abstand auf und werft euch den Luftballon zu. Bevor ihr den Ball losschickt, müsst ihr immer zuerst eines der Wörter laut vorlesen!

Material: Luftballons, Edding

Vorwärts und rückwärts

- Denke dir einen Lernsatz aus, in dem möglichst viele deiner Lernwörter oder der Wörter von unten vorkommen. Schreibe jedes Wort auf eine eigene Karte.
- Versuche deinen Satz auswendig zu lernen. Lege die Wortkarten nun (ohne nachzuschauen!) in der umgekehrten Reihenfolge vor dich hin und lies ihn noch einmal in beide Richtungen.

Material: Wortkärtchen

Heute freut sich der treue Freund

Freund | treue | der | sich | freut | Heute

Suchst du noch mehr Wörter?

Beute, Eule, Feuer, Freund, Leute, Scheune, freuen, heulen, leuchten, treu, heute, neu, scheu, neugierig

VERSCHIEDENE SCHREIBWEISEN ZUM SELBEN LAUT BEACHTEN: v

Wortbilder

- Male zu jedem Lernwort ein kleines Bildchen, indem du den Buchstaben, den du dir merken musst, geschickt versteckst. Du siehst hier einige Beispiele. Du kannst auch Wörter von unten nehmen.

Gemälde

- Male ein großes Bild, in dem alle Lernwörter zu sehen sind (ein Mann, der am Klavier sitzt, einen Pullover strickt und einen Vitamindrink zu sich nimmt ...).
- Beschrifte dein Gemälde!

Unsinn

- Erfinde einen lustigen Merksatz, den du dir leicht merken kannst. Mindestens 6 deiner Lernwörter oder der Wörter von unten sollen darin vorkommen. Schreibe den Satz auf.

Während das Video mit dem Vulkanausbruch läuft, trinke ich Vitamine aus einer Vase und ...

Suchst du noch mehr Wörter?
Vase, Vitamin, Video, Klavier, Pullover, Vulkan, Verb

nk - rk

Buchstabensalat

- Suche die Wörter von unten im „Buchstabensalat“! Kreise sie ein.
- Wenn du nun alle übrig gebliebenen Buchstaben zusammensetzt, erhältst du eine Merkregel!
- Überprüfe den Merksatz jetzt, indem du bei allen Wörtern im Buchstabensalat die Signalbuchstaben anmalst!
- Erstelle aus deinen eigenen Lernwörtern einen Buchstabensalat für deine Mitschüler.

Material: Buchstabensalat, Farbstifte

Wortspiel

- Für diese Übung brauchst du einen Partner. Jeder Spieler erhält genau die Hälfte der Wortkarten.
- Dein Partner zieht eine Wortkarte aus seinem Stapel und spielt dir das Wort vor, ohne dabei zu sprechen.
- Du schreibst, auch ohne zu sprechen, das richtige Wort auf und zeigst es dem Schauspieler. Ist es das richtige Wort? Dann tauscht ihr die Rollen.
- Nach dem Spiel, schreibt jeder von euch auswendig alle dargestellten Wörter auf, an die er sich erinnert!

Material: Wortkärtchen

Gedicht

- Mache aus deinen Lernwörtern ein Gedicht, das sich reimt. Du kannst auch die Wörter von unten zum Dichten verwenden.
- Schreibe dein Gedicht auf und sprich es laut vor, entweder nur für dich oder auch vor anderen.

Suchst du noch mehr Wörter?
blinken, hinken, lenken, merken, parken, pinkeln, sinken, stinken, tanken, trinken, wanken, winken ...
Anke, Bank, Blinker, Enkel, Getränk, Gestank, Henkel, Lenker, Mark, Park, Quark, Schenkel, Werk, Winkel ... krank

BUCHSTABENSALAT (KOPIERVORLAGE)

T	R	I	N	K	E	N	N	W	E	R	K	A	W	I	N	K	E	N	Q
A	C	M	E	R	K	E	N	I	H	*	M	N	A	U	N	D	*	R	U
N	D	A	S	A	M	E	R	N	K	E	A	J	N	A	S	T	E	H	A
K	T	I	M	N	P	A	R	K	M	E	R	R	K	N	U	R	E	I	R
E	L	E	N	K	E	N	N	E	E	I	K	N	E	Z	S	T	A	R	K
N	G	E	T	R	A	N	K	N	E	S	C	H	E	N	K	E	L	L	N
K																			

ck

Buntes Haus

- Zeichne auf kariertes Papier die Umrisse eines Hauses. Schreibe deine Lernwörter oder Wörter von unten so in das Haus, dass in jedem Kästchen ein Buchstabe steht.
- Lasse die schwierigen Buchstaben immer weg.
- Gib dein Haus deinem Lehrer oder deiner Lehrerin zum Kopieren für deine Mitschüler.
- Fülle danach das kopierte Haus eines Mitschülers aus, indem du alle fehlenden Buchstaben mit bunten Farben und in deiner schönsten Schrift einträgst.

Material: Buntstifte, Groß-Karo-Papier

Luftlöcher

- Zeichne auf kariertes Papier die Umrisse eines Hauses. Schreibe deine Lernwörter oder Wörter von unten so in das Haus, dass in jedem Kästchen ein Buchstabe steht.
- Lasse die schwierigen Buchstaben immer weg.
- Lies das erste Wort laut. Die fehlenden Buchstaben sprichst du nicht aus, sondern schreibst sie 40 cm groß in die Luft! Und so weiter!

Material: Buntstifte, Groß-Karo-Papier

Wörter hüpfen

- Wähle drei deiner Lernwörter oder drei Wörter von unten aus.
- Schreibe jeden Buchstaben deines ersten Wortes auf eine eigene Karte und verteile sie ganz beliebig auf die Hüpffelder (bei kurzen Wörtern bleiben Felder leer).
- Buchstabiere nun laut das Wort, indem du auf einem Bein von Buchstabe zu Buchstabe hüpfst.
- Sammle dabei die Buchstaben ein oder stelle einem anderen Kind dieselbe Aufgabe. Wenn ihr zu zweit spielt, wechselt ihr euch ab.

Material: Hüpffeld, Blankokarten, dicker Filzstift

Suchst du noch mehr Wörter?

Bäcker, Zucker, Fackel, Dackel, Nacken, Sack, Decke, Hecke, Fleck, Wecker, Klecks, Zweck, Hocker, Zecke, Glocke, Socken, Glück, Lücke, Mücke, Pickel, hacken, gackern, packen, necken, wecken, meckern, trocknen, hocken, bücken, mucken, zucken, wickeln, flicken, tricksen, dick

pf ODER f? ng ODER n?

Krokodilauge, sei wachsam

- Schreibe mit deinen Lernwörtern oder den Wörtern von unten eine Wörterschlange.
- Bastle dir das Lese-Krokodil nach der Bastelvorlage.
- Lasse deine Wörterschlange durch das Krokodil laufen und lies die Wörter. Sobald die schwierige Buchstabenkombination pf oder f, ng oder n im Krokodilauge auftaucht, markierst du sie bunt in 2 verschiedenen Farben.

Material: Papierstreifen, Schablone, Schere, Kleber, Bastelvorlage Krokodil, bunte Farben

Beispiele für Wörterschlangen:

FußballFadenPfeifefaulPfennigfeindseligFernglasPflasterFlamme pflückenfaszinierendpflegentupfenfröhlich

ZangemanchmalSchlangebringenbindenhängenbehandelnjungungenauFingereingrabenKlangunglaublichsingen

Muster

- Nimm deine Lernwörter oder Wörter von unten und schreibe sie auf dem karierten Papier als Muster, z. B. in verschiedenen Farben, als Wellenlinie oder als Zickzacklinie.

Material: Blatt mit großen Karos, bunte Stifte

Nadel ohne Faden

- Ein Spieler liest und ein Spieler hört.
- Der Spieler, der hört, nimmt die Nadeln und die Tabelle ohne Überschriften und legt sie auf die dicke Pappunterlage. Die Spielerin, die vorliest, bekommt den Spielplan mit den Pfeilen drauf.
- Beide Spieler ergänzen nun auf ihrer eigenen Tabelle dieselben 2 Lernwörter oder Wörter von unten.
- Nun liest die Vorleserin das erste Wort vor. Der hörende Spieler sucht das Wort auf seinem Spielplan und pikst es mit einer Nadel an.
- So liest der vorlesende Spieler alle Wörter in der von den Pfeilen angegebenen Reihenfolge vor. Hat der hörende Spieler das letzte Wort mit der Nadel angepikst, legen beide Spieler ihre Spielpläne nebeneinander. Auf beiden müssen Pfeile bzw. Nadeln dasselbe Muster ergeben.
- Zum Schluss trägt der hörende Spieler noch die fehlende Spaltenüberschriften in seinen Spielplan ein.

Material: Spielpläne, Nadeln, Pappe oder Pinnwand

KROKODILAUGE, SEI WACHSAM (BASTELVORLAGE)

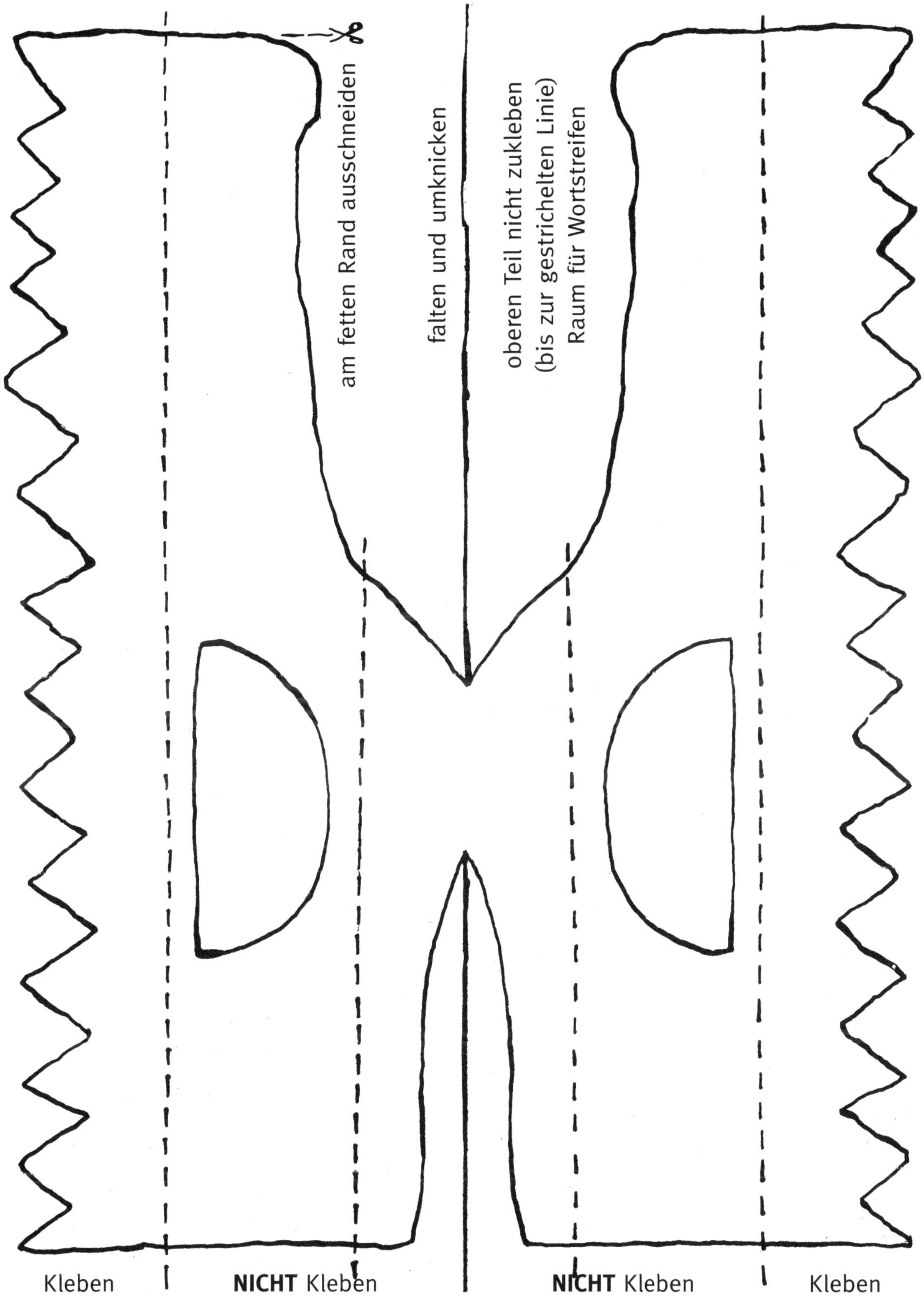

NADEL OHNE FADEN SPIELPLÄNE (KOPIERVORLAGE)

Spielplan für den Leser			
-n	-ng	-f	-pf
behandeln	Ding	Fußball	Pflaster
manchmal ↑ →	bringen →	↓ Flamme	Pflanze
ungenau	jung	fehlen →	↓ Pfirsich
binden	Klang	fair	↓ stopfen
eingraben ↓ ←	Finger ←	faszinierend ←	Pferd
unglaublich →	aufdringlich	fröhlich	Pfanne

Spielplan für den Hörer			
behandeln	Ding	Fußball	Pflaster
manchmal	bringen	Flamme	Pflanze
ungenau	jung	fehlen	Pfirsich
binden	Klang	fair	stopfen
eingraben	Finger	faszinierend	Pferd
unglaublich	aufdringlich	fröhlich	Pfanne

p – b

Wörter versenken

- Dieses Spiel funktioniert wie das Spiel „Schiffe versenken“. Nehmt euch jeder einen Spielplan.
- Schreibt nun in den oberen Teil, der „mein Wörterversteck“ heißt, acht eigene Lernwörter waagrecht oder senkrecht in die Kästchen.
- Der erste Spieler beginnt, indem er ein Kästchen nennt (wie beim Gitternetz in Mathe). Der Name besteht immer aus einer Zahl und einem Buchstaben (z. B.: A 7).
- Der zweite Spieler guckt auf seinem Spielplan in dem genannten Kästchen nach. Hat er dort keinen Buchstaben eingetragen, sagt er „Nichts“. Jetzt nennt er selbst ein Kästchen. „Trifft“ er damit im Spielplan seines Mitspielers einen Buchstaben, muss dieser den Buchstaben verraten und auf seinem Plan durchstreichen. Der Spieler, der getroffen hat, schreibt den Buchstaben in den unteren Teil des Spielplanes („Der Plan meines Mitspielers“) in das richtige Kästchen. Er darf noch einmal raten. Dabei versucht er möglichst nach und nach das ganze Wort zu erraten, dann ist es „versenkt“.
- Das Spiel ist zu Ende, wenn ein Spieler alle Wörter durchgestrichen hat.

Material: ein Spielplan mit zwei Feldern pro Person

Pustewörter

- Nimm dir eine der Wörterschlangen und lies sie laut vor.
- Lege jetzt ein Wattebällchen auf deine flache Hand und halte sie in Mundhöhe.
- Lies die Wortreihe noch einmal und sprich dabei jedes „p“ so scharf aus, dass die Watte hüpft!
- Schreibe jetzt eine eigene Wörterschlange mit vielen „p“ für deine Mitschüler. Wörter dafür findest du im Wörterbuch.

Material: Wattebällchen, Wörterschlangen, Wörterbuch

Lippenknallen

- Schreibe einen langen, lustigen Satz mit vielen „P/p“ auf einen Papierstreifen. Wörter dafür findest du im Wörterbuch.
- Lies deinen Satz jetzt laut und mache bei jedem „p“ einen lauten, deutlichen Knall mit deinen Lippen!
- Rolle den Satz auf und lege ihn in die Dose.
- Liegen in der Dose schon andere Satzrollen von deinen Mitschülern, ziehe eine und mach die Übung noch einmal.

Material: Papierstreifen, Dose, Wörterbuch

Suchst du noch mehr Wörter?
Schau im Wörterbuch nach!

SPIELPLAN – WÖRTER VERSENKEN

Mein Wörterversteck

	A	B	C	D	E	F	G	H	I	J	K	L	M	N
1														
2														
3														
4														
5														
6														
7														
8														
9														
10														
11														
12														
13														
14														

Plan meines Mitspielers

	A	B	C	D	E	F	G	H	I	J	K	L	M	N
1														
2														
3														
4														
5														
6														
7														
8														
9														
10														
11														
12														
13														
14														

chs

Abc-Bilder

- Nimm dir das Blatt mit den Bildern. „Lies" laut vor, was du siehst.
- Wenn du etwas nicht erkennst, kannst du auf das Lösungsblatt schauen. Klebe die Bilder jetzt nach dem Abc auf.
- Schreibe die Wörter zu den Bildern.

Material: Bildvorlage, Schere, Klebstoff, Lösungsblatt

Tiergeschichte

- Schaut euch die Bilder auf dem Blatt an und lest die Wörter unten durch. Lasst euch eine Geschichte einfallen, in der alle Tiere vorkommen, die auf dem Blatt dargestellt sind. Es müssen noch vier weitere Wörter von unten in der Geschichte vorkommen.
- Nimm die Geschichte auf Kassette auf.

Material: Aufnahmegerät, Leerkassetten, Kopiervorlage

Bildergeschichte

- Schau dir das Blatt mit den Bildern an. Höre dir jetzt die Tiergeschichte auf Kassette an oder suche dir ein Kind, das die „Hand-Aufgabe" gemacht hat und dir seine Geschichte erzählt.
- Während du zuhörst, schreibst du die richtigen Namen jedes Mal auf, wenn du sie hörst.

Material: Kassette mit Tiergeschichte, Walkman

Suchst du noch mehr Wörter?
Büchse, Dachs, Eidechse, Fuchs, Gewächs, Luchs, Ochse, Verwechslung, Wachs ...
wachsen, wechseln, nächster, sechs ...

ABC-BILDER – TIERGESCHICHTE – BILDERGESCHICHTE

tz

Unter der Lupe

- Schreibe eine Wörterschlange. Mische deine Lernwörter oder Wörter von unten mit deinen Lieblingswörtern. Schreibe die Wörter in ganz kleiner Schrift: Schreibe nur das tz besonders groß.
- Nimm die Lupe in die Hand und lies langsam jedes Wort.
- Lege nun die Lupe auf das Blatt und schiebe sie über die Buchstaben. Lies die Wörterschlange nochmals.

Material: Lupe, Alternative: PC

Ein Beispiel:

SpritzeWitzwarumMatratzeschlafenjetztimmerspritzen

Punkt

- Schreibe mit deinen Lernwörtern und anderen Wörtern dazwischen eine Wörterschlange in ganz kleiner Schrift. Schreibe nur das tz sehr groß.
- Klebe nun alle tz mit einem Klebepunkt zu.
- Suche dir einen 👂-Lerner als Partner oder Partnerin: Dein Partner soll nun das vollständige Wort erraten und es dir laut sagen.
- Bei jedem richtig geratenen Wort trägst du auf dem Klebepunkt das tz wieder ein.

Material: kleine Klebepunkte, Kuli oder Folienstift

Ein Beispiel:

NetzRotznaseschmotzenpe◯enpustenkratzenKater glotzenglasverletzenVerlust

Im Takt

- Schreibe eine Wörterschlange mit deinen Lernwörtern oder den Wörtern von unten. Es müssen mindestens 15 Wörter sein.
- Nimm dir das Metronom und sage die Wörter im Takt. Beginne langsam: 1 Schlag = 1 Wortsilbe; dann: 1 Schlag = das ganze Wort ... Lies die Kette mehrmals hintereinander.

Material: Metronom

Suchst du noch mehr Wörter?

Satz, Platz, Witz, Spritze, Blitz, Netz, Matratze, Katze, Fratze, Ritze, Netz, Sitz, Klotz, Pfütze, Fetzen, schwitzen, petzen, sitzen, putzen, hetzen, platzen, schmotzen, kratzen, flitzen, glotzen, wetzen, verletzen, spritzen, glitzern, spritzen, trotzig, nützlich, putzig, spitz, jetzt

ß

Riesenfüße

- Male dir übergroße Schuhsohlen für beide Füße (sie sollen vorne 10 cm länger sein als deine Schuhe!).
- Schreibe deine Lernwörter oder Wörter von unten so groß darauf, dass du sie lesen kannst, wenn du aufrecht stehst. Das „ß“ schreibst du besonders dick und fett oder bunt! Klebe die Sohlen unter deine Schuhe!
- Gehe mit diesen Füßen im Gang spazieren. Lies ein Wort laut und gehe dazu im Sprechtakt.

Material: Pappe, Doppelklebeband

In Liebe

- Schreibe deine Lernwörter auf den Spiegel.

Material: Spiegel, Lippenstift, Putzmittel, Lappen

Luftpumpe

- Schreibe deine Lernwörter oder Wörter von unten in einer Liste untereinander.
- Lies jedes Wort laut, nur nicht das „ß“ Stattdessen pumpst du einmal schnell mit der Luftpumpe!

Material: Luftpumpe

Suchst du noch mehr Wörter?
Fleiß, Fuß, Fußball, Gruß, Kloß, Spaß, Soße, Stoß, Spieß, Vielfraß ...
reißen, gießen, heißen, fließen, sprießen, schießen, beißen, stoßen, grüßen, fraßen, er aß, fleißig, heiß ...